Mœris y el Secreto del Dólar de la Ligadura Œ

Incluye el mándala de la abundancia infinita y la prosperidad

Jorge A. Rodríguez (JAR)

Texto e ilustraciones

Texto e ilustraciones: Jorge A. Rodríguez (JAR)

ISBN-13: 978-1505289497
ISBN-10: 1505289491
E-mail: jarrodriguezve@gmail.com
Facebook: Jorge A. Rodriguez Jar
Twitter: @jar_rodriguez

Mis mejores deseos **vœux**
a todos aquellos
que de todo corazón **cœur**
leen esta obra **œuvre**
y
también a los que
sólo le echen
un vistazo **coup d'œil**

JAR

THE UNITED STATES OF AMERICA
IN GOD WE TRUST
ONE
ONE DOLLAR

Mœris quiere ser un empresario exitoso. Una mañana muy temprano… -"***Mœris:*** *el secreto y la acción, está en tu nombre*"- escuchó, ya casi despertando, con la primera luz del día que entraba por una ventana oval **œil de bœuf**, iluminando un billete de dólar.

Mœris busca en internet las palabras francesas que se escriben con la ligadura **œ**, pues, en su nombre, es lo único que ve diferente.

Su primera acción empresarial será vender algunos alimentos que, en francés, se escriben con la ligadura **œ**, pues tiene en mente aquella frase…"***Mœris:*** *el secreto y la acción, está en tu nombre"*.

Su menú se compone de huevos **œufs**, tomates "corazón de buey" **"cœur de bœuf"**, "ojos de buey" **"œil de bœuf"**, pescados celacantos **cœlacanthes**, todo esto dispuesto como aperitivos **hors d' œuvres**, y también algunos libros viejos de enología **œnologie**, dispuestos en forma de corazón **cœur**…

Horas después, la venta fue un total fracaso, causó asco y repulsión **écœurante**.

Mœris decepcionado, se pregunta -¿qué está fallando?-… "***Mœris:*** *el secreto y la acción, está en tu nombre*".

Mœris observa fijamente su nombre… la ligadura **œ**… "¡Eso es!… Todo está ligado, fusionado. Haré un batido energético con todo esto" -dijo **Mœris**- Y preparó un batido energético con todos estos aperitivos **hors d' œuvres**. Los huevos **œufs**, ojos de buey **œil de bœuf**, tomates "corazón de buey" "**cœur de bœuf**", y muchos huevos **œufs** de pescado celacanto **cœlacanthe.**

También esta vez su iniciativa fue un total fracaso, causó asco y repulsión **écœurante**. **Mœris**, decepcionado, se ve a sí mismo como un desempleado **désœuvré**. **Mœris** totalmente disgustado **écœuré**, se llena de rencor **rancœur**, y se come todo aquello en lo que había invertido tiempo y dinero…

Mœris es ingresado a una clínica por una fuerte irritación del esófago **œsophage**. Ya en la clínica, **Mœris** le explica a su padre y a su hermanita **sœurette Clœlia**, lo que quería hacer y cuáles eran sus intenciones como empresario.

“**Mœris**, eres muy creativo e inteligente, pero fuiste muy glotón y egoísta. Si quieres ser un empresario exitoso, y deseas **vœux** multiplicar tu dinero, tienes que aprender a compartir y dejar el rencor **rancœur**” -dijo sabiamente su hermanita **sœurette Clœlia**, haciéndole un guiño **clin d'œil**.

Al anochecer, ya en casa y antes de dormir, **Mœris** observó y observó detenidamente el billete de un dólar, así como quien medita observando un mándala, hasta quedar dormido en posición fetal **fœtal**…

En la ligadura **œ**, la "o" y la "e" comparten un mismo espacio, dan cada uno de sí mismo y crean una nueva identidad: la ligadura **œ**. El sí-mismo, es, en la Alquimia la creación de la Gran Obra **Œuvre**, donde se fusionan los opuestos, sin polaridad. "***Mœris***: *el secreto y la acción, está en tu nombre*"- recordaba esas palabras en su sueño-

Mœris se ve así mismo inserto en el reverso del dólar, sube hasta la pirámide y llega hasta el ojo **œil** de la providencia, el ojo **œil** que todo lo ve, y sobre él lee las palabras latinas: "**ANNUIT CŒPTIS**" (NUESTRA EMPRESA ES EXITOSA, también traducido como: DIOS A FAVORECIDO NUESTRA EMPRESA).

Mœris, como en una patineta, impulsado por un rayo de luz dorada, va saltando de letra en letra, realizando arriesgadas maniobras **manœuvres** y al llegar a la letra número ocho: la ligadura **Œ**, comienza a hacer giros y giros sobre ella dibujando el número ocho, símbolo del infinito y la abundancia, un ocho que fluye en un continuo movimiento, como la cinta de moebius **ruban de mœbius**, donde se fusionan los opuestos, sin polaridad. La cinta de moebius **ruban de mœbius**: es una unidad, una totalidad sin límites, sin opuestos, en donde dar y recibir es lo mismo; un fluir de generosidad y abundancia infinita.

En su sueño, salta desde la ligadura **Œ** al centro de la pirámide, pasando por el ojo **œil** y bajando en una gran diagonal… pasa por arriba de la "N" de "NOVUS ORDO SECLORUM" (NUEVO ORDEN DE LAS ERAS) y continúa bajando hasta llegar justo al centro, en la base de la "N" (del "ONE"), y continúa hacia la esquina del billete, precipitándose al vacío y despertando repentinamente con una sensación de angustia…

Ya despierto, **Mœris** traza una línea desde la ligadura que se encuentra en las palabras latinas: **"ANNUIT CŒPTIS"** hasta la "N" del "ONE" inferior izquierdo del dólar y relaciona el hecho de llegar a la esquina, con "doblar" la esquina: comienza a doblar el billete; primero de muchas maneras posibles… hasta que lo dobla por la esquina superior izquierda, bajándola y formando un triángulo, justo hasta el límite de la "I" de "IN GOD WE TRUST" (EN DIOS CONFIAMOS)

Después, dobla el billete por la "E" del gran "ONE", hacia la izquierda, y lo lleva, cuidadosamente, hasta el primer doblez, ocultando totalmente las palabras "IN GOD WE TRUST".

Mœris reflexiona, y encuentra que al dejar de ver estas palabras, se ha producido un acto de fe. Hay que recordar lo que el ojo **œil** no ve. Y es allí, donde, como en un acto de magia, al levantar el doblez triangular que está a la izquierda, aparece la ligadura **Œ**, que siempre ha estado ahí.

Así, se cumple el lema que anuncia el Águila del Gran Sello (Ave **Phœnix**, en la propuesta del diseño original, Barton-Thomson, 1782) "E PLURIBUS UNUM" ("TODOS PARA UNO" o "DE MUCHOS UNO") “O” + “E” = Œ.

Mœris toma el billete de dólar con el doblez hecho, lo ve por el otro lado, y descubre asombrado, que el doblez pasa justo por el ojo **œil** de George Washington, y viene a ser, precisamente, el centro exacto del billete y de la ventana oval **œil de bœuf**.

Aquí, entonces, pasa algo sorprendente: George Washington ¡hace un guiño! **clin d´œil**!, como señal de aprobación.

Mœris hace sus mejores votos **vœux** por su nueva empresa. Ahora, con su hermanita **sœurette Clœlia** como socia **consœur Mœris** va a obrar **œuvrer** de otra manera: Va a revisar **jeter un coup d'œil** sus acciones, cambiar sus hábitos y costumbres **mœurs** y va a compartir el secreto que le fue revelado.

Mœris inicia su propia empresa que es la creación, distribución y venta de mándalas para la riqueza y la abundancia. El primero: el mándala de la abundancia infinita y la prosperidad, y por sugerencia de su hermanita **sœurette** siempre incluye otro para compartir.

Ahora, en cada transacción, **Mœris** se visualiza a sí mismo y al cliente, rodeados en una cinta de moebius **ruban de mœbius** e iluminados por una luz dorada de riqueza y abundancia infinita, en dónde dar y recibir están fusionados: igual que la ligadura **Œ**.

FIN.

Mándala de la abundancia infinita y la prosperidad

ANEXO

PARA MULTIPLICAR TU DINERO
DEBES COMPARTIR CON GENEROSIDAD Y FLUIDEZ
INFINITA COMO LA CINTA DE MOEBIUS (**MŒBIUS**)
SIN NINGÚN TIPO DE RENCOR (**RANCŒUR**)
CON TODO EL CORAZÓN (**CŒUR**)
COMPARTIR PORQUE
DAR Y RECIBIR ES LO MISMO
DIOS HA FAVORECIDO NUESTRA EMPRESA,
NUESTRA EMPRESA ES EXITOSA (**ANNUIT CŒPTIS**)
OBRAR (**ŒUVRER**) CON FE
Y CONFIAR EN DIOS
(IN GOD WE TRUST)

CLŒLIA

Texto e ilustraciones: Jorge A. Rodríguez (JAR)

ISBN-13: 978-1505289497
ISBN-10: 1505289491
E-mail: jarrodriguezve@gmail.com
Facebook: Jorge A. Rodriguez Jar
Twitter: @jar_rodriguez

Otras obras del autor

Publicaciones de Jorge A. Rodríguez (JAR) texto e ilustraciones.

MŒRIS Y EL DICCIONARIO ILUSTRADO DE LA LIGADURA Œ, y *MŒRIS EN EL MUSEO DE LA LIGADURA Œ,* En español, traducidos al francés e inglés, así como sus correspondientes E-BOOK (libros electrónicos)

Mándala de la abundancia infinita y la prosperidad

Para COMPARTIR

www.ingramcontent.com/pod-product-compliance
Lightning Source LLC
LaVergne TN
LVHW071805230826
846093LV00019B/8
9781505289497